·l eine Welt mit Geschichten
ine bessere Welt ist.

Sonja Kato-Mailath

10 Hoffnungen.

Life is a story

schreib's auf
story.one

1. Auflage 2020
© Sonja Kato-Mailath

Herstellung, Gestaltung und Konzeption:
Verlag story.one publishing – www.story.one
Eine Marke der Storylution GmbH

Gesetzt aus Minion Pro und Lato.
© Coverfoto: Anthony Delanoix, Unsplash
© Fotos: Unsplash

Printed in the European Union.

ISBN: 978-3-99087-186-7

Geschichten und eigene Gedanken zu verfassen und zu teilen, ist nicht immer ein leichter Schritt. Aber: Life is a story, we need to tell. Ich hätte weder dieses Buch, noch andere Texte auf story.one geschrieben, wenn mir nicht andere Menschen dazu Mut gemacht hätten. Ihnen allen gilt mein Dank.

INHALT

10 Hoffnungen

Freitag der 13. März 2020 wird rückblickend der Tag gewesen sein, an dem in Österreich das Leben, wie wir es kannten, endete. Unser bisher bekanntes System legte eine Vollbremsung hin, und wir befinden uns jetzt, da ich diese Zeilen zu schreiben beginne, noch mitten im Prozess, deren Folgen zu realisieren, ohne wirkliche zeitliche Perspektive für das Danach. #flattenthecurve war das Mantra der ersten Stunden und Tage, und jetzt können wir langsam hoffen, dass (Selbst)Isolation und #stayathome gewirkt haben.

Noch dominieren Begriffe wie #homeoffice oder #homeschooling unseren Alltag, und natürlich die Sorge, ob unser Gesundheitssystem dem Druck Stand halten kann, falls doch noch eine zweite Welle kommt. Die ersten Wochen liegen hinter uns, und doch hat sich in dieser kurzen Zeit so viel verändert, wie selten zuvor.

Stille dominierte in den ersten Tagen – im Wald alleine mit den Geräuschen der Natur, kraftgebend. Stille, bis vor wenigen Tagen noch im Geschäftsleben, auf der Straße – gespenstisch, ungewohnt und auch Ausdruck von zugrunde gehenden Existenzen. Erschöpfung bei vielen, Ratlosigkeit bei den meisten. Soforthilfe, die nicht ankommt – und Menschen, die ihre Arbeit verloren haben. Noch sind wir mitten drin, in dieser neuen Unordnung.

Kann und darf man sich in dieser Zeit schon über das Danach Gedanken machen? Ist es nicht verwegen, jetzt optimistisch in die Zukunft zu blicken?

In „10 Hoffnungen" blicke ich in eine Zukunft nach Corona, ohne Anspruch auf Vollständigkeit oder Allwissenheit. Ich sitze im Warmen, in meiner schönen Wohnung in Wien, umgeben von den mir nächsten Menschen. In Liebe verbunden mit meinen Freunden, Herzensmenschen und Familienmitgliedern. Viele, die ich noch immer nur auf Distanz oder virtuell treffen kann.

Aber: nie waren mir meine so vielen Privilegien bewusster als jetzt, und umso mehr gebührt mein Respekt und meine Dankbarkeit all jenen, die unter stressigen, fordernden, überfordernden Bedingungen in den letzten Wochen, aber auch jetzt, unseren Alltag ermöglichen. Von der Supermarktkassa bis zur Intensivstation, vom Kraftwerk bis zur U-Bahn – das sind unsere „neuen Helden", und besser heute als morgen sollten wir damit anfangen, all jenen Berufen, die unsere Systeme am Laufen halten, mehr gesellschaftliche Anerkennung und auch mehr Belohnung zu geben. Meine „10 Hoffnungen" sind aus einem zeitlichen Kontext (März und April 2020) verfasst, der Blick in die Zukunft mag gewagt gewesen sein, da wir immer noch „auf Sicht fahren", wie es so schön heißt.

Durch meine jahrelange Erfahrung als systemischer Coach weiß ich, dass alles mit allem zusammenhängt, und unsere Bilder von der Zukunft schon in der Gegenwart wirksam sein können. Wir haben es in der Hand, was aus unserer Zukunft wird. Wir haben (noch) die Wahl. Wir stehen an einem Wendepunkt, es liegt an uns, wohin wir gehen!

1. Prioritäten wieder richtig setzen

Prioritäten setzen zu können, ist nicht nur eines DER maßgeblichen Tools, wenn ich in meinen Business- und Leadership Coachings mit Führungskräften arbeite, sondern eine Eigenschaft, die nach der Corona-Krise zu unserem Standard-Repertoire gehören sollte. Das Corona-Virus ist – so werden wir Zeitzeugen es auch noch später beschreiben – „wie ein Tsunami", „über Nacht", „überraschend", „unerwartet" über uns gekommen.

Nun.

Erstens stimmt das nicht, und zweitens ist egal, ob es stimmt oder nicht, wenn die Menschen es so empfunden haben. Aber: die Tatsache, dass man längst hätte vorgewarnt sein müssen, weil man ja der Verbreitung des Virus auf seiner Reise über den Globus faktisch in Echtzeit folgen konnte, wir aber dennoch ALLE völlig verzögert reagiert haben, zeigt nur, dass wir unsere Prioritäten falsch gesetzt hatten. Warum war das so, habe ich mich oft – sehr oft –gefragt. Und meine Erkenntnis ist:

Wir haben die richtige Reihenfolge unserer Prioritäten nicht erst verloren, als Corona die Weltherrschaft übernommen hat, sondern schon viele, viele Jahre davor. Oder habe nur ich das Gefühl, dass wir unsere Bedürfnis-Pyramide* in den letzten Jahren völlig auf den Kopf gestellt haben? Und was passiert, wenn wir eine Pyramide auf den Kopf stellen? Richtig – sie verliert ihre Stabilität! Manche nennen daher den Corona-Virus auch „Wake up Call" oder finden noch drastischere Begriffe. Ich meine, wir haben einfach die RIESENCHANCE bekommen, unsere Prioritäten neu zu ordnen oder vielmehr wieder zu einer uns tragenden Ordnung zu finden.

Also, Prioritäten RICHTIG setzen. Was heißt das, wenn wir über die Erfüllung unserer Bedürfnisse in der richtigen Reihenfolge reden?

1.Physiologische Bedürfnisse: Öffentliches und niederschwelliges Gesundheitssystem schaffen oder ausbauen; leistbaren und angemessenen Wohnraum sicherstellen; lokale und regionale Produktionsketten stärken; Öffentliche Grünflächen schaffen.

2. Sicherheitsbedürfnisse: Die Starken schützen die Schwachen; Systemerhaltende Berufe

NEU definieren, höher wertschätzen und besser bezahlen; Zugang zu Medien und Online Strukturen für alle ausbauen.

3. Soziale Bedürfnisse: sozialer Zusammenhalt als Unterrichtsfach; generationenübergreifendes Lernen, Achtsamkeitsregeln für den Alltag neu definieren.

4. Individuelle Bedürfnisse: Was ist nötig? – Nicht: Was kann ich mir leisten?

5. Selbstverwirklichung: Was kann ich beitragen? – Nicht: Was kann ich bekommen? – Was kann ich geben? – Nicht: Was kann ich nehmen?

Die erste Hoffnung, heißt für mich, dass wir unsere Bedürfnis-Pyramide wieder auf die richtige Position stellen, wieder geordnet nach der Priorität:

Was brauchen WIR?, statt Was steht MIR zu?.

*https://de.wikipedia.org/wiki/Maslowsche_Bedürfnishierarchie

2. Unsere Zukunft heisst analog + digital

Hätte ich Ihnen noch Anfang des Jahres gesagt, dass im März 2020 die Menschen in beinahe allen Ländern Europas pünktlich um 18 Uhr beim Fenster stehen und entweder singen, ein Musikstück auf ihrem Instrument spielen oder in kollektives Klatschen verfallen, hätten Sie mich wahrscheinlich für verrückt erklärt.

Und das wohl aus damaliger Sicht zu Recht.

Und hätte ich Ihnen gesagt, dass wir mit unseren beiden Teenager-Buben jede Woche mindestens zwei Ausgänge in die Natur machen, dass wir jeden Abend zu Hause sitzen und gemeinsam essen und kochen, dann hätten Sie mich bestenfalls für romantisch, im schlimmsten Fall für biedermeierlich gehalten.

Aber beide Lebenswelten sind Wirklichkeit geworden. Wir leben wieder vermehrt analog – und das durchaus auch im eigentlichen Sinne der Bedeutung dieses Wortes: Wir leben „entsprechend" oder auch verhältnismäßig und das trotz des Einsatzes neuer Technologien.

Und wir leben wieder unter Heranziehung längst erlernter, manchmal vergessener Kulturtechniken. Lebensmittel im Voraus kaufen, Menüpläne mit Mahlzeiten erstellen, die satt machen und gesund sind, Abwechslung in den Alltag bringen, der sich mehrheitlich zu Hause abspielt– all das ist jenen leichter gelungen, die gelernt haben zu bevorraten, gelernt haben zu kochen oder gemeinschaftlich Zeit zu verbringen. Wenn wir wirklich beweisen wollen, was den Menschen von Künstlicher Intelligenz, von Robotik unterscheidet, dann ist es die Fähigkeit, auf Basis unserer analogen Möglichkeiten zu handeln. Improvisierte Tätigkeiten, vielleicht – möglicherweise auch ungeliebte.

Es fällt auch auf, dass nicht mehr viele über diese Fähigkeiten verfügen – aber was spräche denn gegen ein Schulfach „gesunde Ernährung", ein vermehrtes Wertlegen auf „soziale Fähigkeiten" in jeder Ausbildung, das Erlernen eines Instrumentes oder das Nutzen der eigenen Stimme?

Das Corona-Paradoxon – digitales Homeoffice und Brot-Backen am Abend – ist nur auf den ersten Blick ein solches.

Es zeigt deutlich beide Bedürfnis- und Möglichkeitswelten. Besser zurecht findet sich, wer flexibel ist. Und flexibel zu sein beginnt in unserem Inneren und bei den von uns erworbenen Kulturtechniken, die uns für ein selbstbestimmtes und möglichst unabhängiges Leben rüsten.

Corona war auch hier für viele ein wichtiger Lehrmeister!

Dass Corona gerade für uns Frauen aber gezeigt hat, dass die Gesellschaft immer noch mehrheitlich erwartet, dass WIR die analoge Welt zu betreuen haben, gilt es dringend zu hinterfragen und entsprechend zu korrigieren.

3. Struktur schaffen – Sicherheit geben

Wir haben nun also gelernt unsere Prioritäten wieder klar im Blick zu haben, wir können wieder den Wert von Kulturtechniken erkennen, die uns helfen, flexibel zu sein und jetzt lenken wir unsere Aufmerksamkeit auf die Struktur, einer der fragendsten Vorraussetzungen für menschliches Handeln.

Viele von Ihnen haben sicher schon gehört, dass es in der Entwicklung des Menschen maßgebliche Lebensabschnitte gibt, in denen eine gewisse (nachvollziehbare, verlässliche, positive) Struktur hilft, zu einer gesunden Persönlichkeit zu werden. Erst mit etwa 4 oder 5 Jahren schaffen sich Kinder ihre eigene Ordnung, umso wichtiger ist es daher, dass es davor eine verlässliche, nachvollziehbare und positive Ordnung im Alltag des Kindes gibt. „Sicherheit, Geborgenheit, Orientierung im Alltag" – wenn Mütter und Väter gefragt würden, was sie ihren Kindern auf jeden Fall vermitteln möchten, stünden diese Begriffe wohl ganz oben.

Wir wissen, dass auch, wenn ein Kind sich immer wieder gegen die vorhandenen Grenzen auflehnt, es diese doch als wichtigen Anhaltspunkt empfindet und letztendlich auch als positive Zuwendung. Wenn Kinder die Regeln brechen und immer wieder auf die elterliche Konsequenz stoßen, lernen sie: Meine Eltern sind stark und ihnen ist wichtig, was ich tue und wie es mir geht. Das schafft Sicherheit und Geborgenheit. Dies gilt ebenso für einen geregelten und strukturierten Tagesablauf. Je kleiner Kinder sind, umso wichtiger ist dies. Eine klare Tagesaufteilung gibt Halt und Freiheit, sich auf die eigene Entwicklung zu konzentrieren.

Und dennoch habe ich das Gefühl, dass Struktur-Geben und Struktur-Haben eine in den letzten Jahren etwas unterbelichtete und minder beachtete Qualität wurde. Manche haben sich sogar darüber lustig gemacht, wenn andere von ihrem strukturierten Leben berichtet haben. Aber geht es nur mir so, oder hatten Sie nicht auch den Eindruck, dass Menschen mit Struktur gerade in Zeiten der Herausforderungen, wie etwa beim Corona-Virus, besser gerüstet waren? Wenn ja, wie können wir alle davon lernen und profitieren? Strukturen zu schaffen, heißt, seine Prioritäten klar zu kennen und damit flexibel zu sein, wenn es gilt, von HEUTE auf MORGEN genau diese Strukturen zu überdenken oder neu aufzusetzen.

Gerade in Krisenzeiten merken wir: Gute Führung gibt Struktur und Sicherheit. Auf Basis von Prioritäten und unter dem Aspekt des Gemein- (oder Firmen)Wohls werden Ordnungen festgelegt. Am besten immer transparent kommuniziert und mit einem Höchstmaß an Einbeziehung der Gemeinschaft/Beschäftigten. Auch wenn die Chefin/der Chef am Ende die Entscheidung für alle treffen muss. Ein strukturierter Alltag gibt Sicherheit – auch uns als Gesellschaft; strukturierte Menschen sind in der Lage, Prioritäten zu setzen und flexibel zu agieren; Strukturiert zu sein kann man lernen und viele haben das über Nacht müssen.

4. Dankbarkeit – die ewig gültige Währung

Nach Cicero gibt es „keine dringlichere Pflicht, als Dankbarkeit zu zeigen" (de officiis, Liber 1, 47). Viele Studien haben den Zusammenhang zwischen Dankbarkeit und Wohlbefinden nicht nur für den Einzelnen, sondern für alle Menschen aufgezeigt. Viele neue Untersuchungen zeigen, dass sich Menschen, die dankbar sind, subjektiv besser fühlen.

Dankbare Menschen gelten als glücklicher, weniger depressiv, sie leiden weniger unter Stress und sind zufriedener mit ihrem Leben und ihren sozialen Beziehungen. Dankbare Menschen haben auch ihre Umgebung, ihr persönliches Wachstum, ihren Lebenssinn und ihr Selbstwertgefühl besser unter Kontrolle. Dankbare Menschen haben mehr positive Möglichkeiten mit den Schwierigkeiten in ihrem Leben umzugehen, bitten andere Menschen mit größerer Wahrscheinlichkeit um Unterstützung und wachsen anhand dieser Erfahrung.

Und: Dankbare Menschen schlafen besser, vermutlich weil sie weniger negative, sondern mehr positive Gedanken vor dem Einschlafen haben.

Und: Dankbarkeit ist die einzige weltumspannende Währung, die NIE an Wert verliert und, umso mehr wir davon in den Markt pumpen, nicht zu Inflation oder Abwertung führt.

Dankbarkeit gegenüber dem eigenen Leben ist Glücks-Faktor Nummer 1 für jeden von uns. Dankbarkeit ist eine Sprache, die auf der ganzen Welt verstanden wird und gerade in Krisenzeiten Unglaubliches leistet. Dankbarkeit ist die globale Währung, die Wohlbefinden, Sicherheit und den sozialen Zusammenhalt stärkt. In der Krise haben wie gelernt, wie wichtig es ist, Dankbarkeit in unserem Alltag zu zeigen. Um uns selber, aber auch unsere Gesellschaft zu stärken! Auch während der Corona-Zeit habe ich in jedem meiner Coachings, die natürlich nicht mehr in der Praxis, sondern online oder per Telefon stattgefunden haben, jedem Klienten geraten, folgende Dankbarkeitsübung zu machen: nämlich, jeden Tag zumindest 3 Situationen/Dinge/Erlebnisse zu identifizieren, für die man dankbar ist. Dankbarkeit – da ist sich die psychologische Forschung einig – hat wie kein anderes Gefühl, die Möglichkeit Wohlergehen zu verankern und zu schaffen. Dankbare Menschen gehen mit neuen Herausforderungen und Lebensabschnitten sehr viel besser, widerstandsfähiger und auch gelassener um.

Dankbarkeit ist aber auch DAS Instrument um Verhalten zu ändern, bzw. positiv zu beeinflussen. Aber das Wichtigste: Dankbarkeit im Alltag gibt uns nicht nur selbst ein gutes Gefühl. Wenn wir Dankbarkeit gegenüber anderen Menschen zeigen, können wir auch deren Verhalten positiv verändern – und das gilt, unabhängig davon, aus welchem kulturellen oder religiösen, aus welchem geografischen oder sozialen Kontext wir kommen.

5. Wir stehen zu unseren Defiziten...

... und sind daher stärker als je zuvor!

Gerade in Zeiten der Krise zeigen sich Menschen von ihrer wahren Seite, und ich persönlich habe in solchen Momenten immer sehr viel über andere Menschen, aber natürlich auch über mich selbst, gelernt. Die Ober-Checker sind überfordert und werden plötzlich zu Angsthasen, die (echten) Angsthasen erkennen, dass ihre Fähigkeit zum Rückzug gerade extrem wertvoll ist, die Lauten sind plötzlich ganz leise (vor allem, wenn es darum geht, für andere da zu sein) und die Leisen sind nach wie vor still, aber enorm effizient und hilfreich im Hintergrund und im Interesse der Allgemeinheit.

Worauf ich hinaus will: ALLE Krisen führen uns schlagartig zu unseren Defiziten. Zeigen uns über Nacht (und meistens IN der Nacht noch viel mehr) unsere Ängste, führen uns an den Abgrund unserer Fähigkeiten und lassen uns verunsichert und unvorbereitet zurück. In meiner Tätigkeit als systemischer Coach ist es immer ein besonders behutsam zu setzender

Schritt, die Defizite, Schattenseiten, Unsicherheiten eines Klienten aufzusuchen und anzusprechen. Sehr oft gibt es Widerstände, die geschickt überwunden werden wollen, um der Klientin/dem Klienten zu zeigen, wie wichtig es für sie/ihn ist, die eigenen Defizite zu sehen, zu benennen und dann auch sichtbar zu machen. In Krisenzeiten kann das besonders schwer fallen, obwohl es gerade dann so wichtig wäre, seine Defizite anzunehmen, indem man offen darüber spricht oder diese offensiv auflöst. Wie ist es mit den Defiziten, die wir nicht teilen können (oder wollen), oder die nicht an technischen Überforderungen oder fehlenden Kompetenzen liegen. Wie ist es mit Defiziten, die gesellschaftlich keinen hohen Stellenwert haben, wie z.B. Überforderung bei Neuerungen? Angst vor Veränderungen? Geringer Selbstwert? Leistungseinbruch unter Stress? Nicht-allein-sein-„Können"?

Für ein gutes „Durch-die Krise-Kommen" können wir es uns nicht leisten, unsere Defizite weiter zu verstecken, denn dieses Verstecken bindet zu viel Kraft und Energie, die wir in Krisenzeiten für anderes (Prioritäten setzen, Strukturen schaffen, flexibel bleiben) brauchen.

Wer in der Krise gelernt hat, offen zu seinen Defiziten zu stehen, hat Kraft und Sicherheit gewonnen. Egal, was die Zukunft bringen wird. Offen zu sagen, wenn man etwas nicht kann, man Angst hat oder überfordert ist, hilft, in die Kraft und ins Handeln zu kommen. Eine Menschheit, die ihre Defizite erkennt, benennt und sichtbar macht, ist eine zukunftsfähigere Menschheit, weil sie damit bereit ist, zu lernen und besser zu werden.

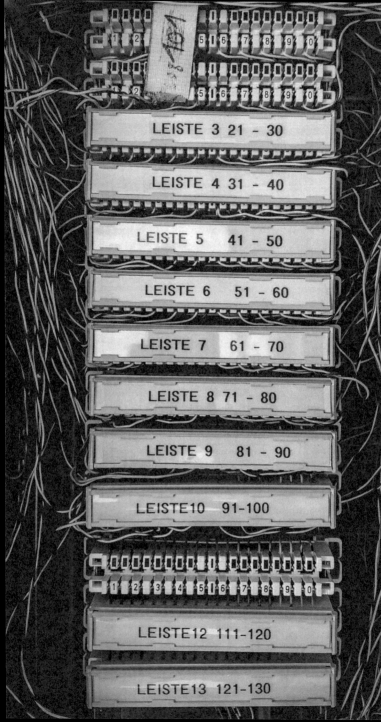

LEISTE 3 21 - 30

LEISTE 4 31 - 40

LEISTE 5   41 - 50

LEISTE 6   51 - 60

LEISTE 7   61 - 70

LEISTE 8 71 - 80

LEISTE 9   81 - 90

LEISTE10   91-100

LEISTE12 111-120

LEISTE13 121-130

6. Netzwerke sichern unser Überleben

Als der moderne Mensch vor rund 50 000–40 000 Jahren von Afrika nach Europa kam, traf er hier auf den Neandertaler, mit dem er sich – wie neueste Forschungsergebnisse als gesichert bekunden – genetisch vermischte, und den er auch, wenn man so will, als Ethnie überlebte. Das ist nicht nur durch klimatische Bedingungen und die jeweiligen Herausforderungen für den „Modernen Menschen" (er war besser gerüstet) und den „Neandertaler" (er brauchte zu viele Kalorien) zu erklären, sondern auch mit der Größe der jeweiligen Netzwerke. Prof. Thorsten Uthmeier von der Universität Erlangen berichtet in einem Interview mit dem Deutschlandfunk *, dass Fundmaterial vom Homo sapiens sapiens (z.B. Schmuckschnecken) aus bis zu 1 000 Kilometern Entfernung von ihrem Ursprungsort gefunden wurde, was als Beweis für ein weitläufiges soziales Netzwerk gesehen wird. Er vermutet, dass Dinge, aber eben auch Informationen, von Hand zu Hand bzw. Mund zu Mund weitergegeben wurden und somit ein großes Netzwerk bildeten. Bei den Neandertalern ergibt sich hingegen ein anderes Bild – sie lebten in kleinen Gruppen, ohne großes Informationsnetz. Prof. Uthmeier und andere Forscher schließen daraus: Große Informationsnetzwerke bedeuten Resilienz. Sie fördern die Widerstandsfähigkeit, z.B.: gegen klimatisch kritische Phasen, die Auswirkungen – etwa auf die Jagdbeute – haben. EIN entscheidender Vorteil des modernen Menschen: Informationsvorsprung durch Netzwerke.

Klingelt da etwas bei Ihnen? Hier sind wir, die Nach-Fahren des modernen Menschen, im Jahr 2020 und lernen gerade wieder, wie wichtig Netzwerke sind. Globalisierung, Vernetzte Welt, Industrie 4.0, 5 G-Infrastruktur – das alles bekommt jetzt, angesichts einer Pandemie, eine ganz andere Bedeutung. Können wir als Spezies „moderner Mensch" daraus mehr ableiten als grenzenlosen Handel mit Sachen, die wir vielleicht gar nicht wirklich brauchen? Ist es wirklich wichtig, Dinge zu tun, Handlungen zu setzen, einfach „because we can"? Sollten wir nicht eher darüber nachdenken, unsere technischen Möglichkeiten für Kommunikation und Kollaboration zu nutzen? Versuchen Sie sich vorzustellen, wir hätten ein Informationsnetz, das in der Lage ist, alle Menschen auf der Welt mit dem gleichen Wissensstand zu versorgen. Versuchen Sie sich vorzustellen, wir würden von den Besten und nicht von den Lautesten lernen oder wir würden miteinander zu unserem gemeinsamen Wohl Lösungen für Klimakrise oder Virusinfektionen suchen und diese allen zur Verfügung stellen.

Große Netzwerke verschaffen uns Informationsvorsprung und bringen einen Vorteil für alle Menschen. Zugang zu Information und deren Verteilung können unser aller Leben verbessern und unser Überleben sichern. Jetzt liegt es an uns, nach dieser Erkenntnis zu handeln.

* https://www.deutschlandfunk.de/entwicklung-des-homo-sapiens-sapiens-wieder-mensch-zum.1148.de.html?dram:article_id=360929

7. Lernen von Japan (Teil 1)

Wahrscheinlich wird den meisten Österreicherinnen und Österreichern eine Ansprache unseres Bundespräsidenten, Alexander van der Bellen, vom 14.3.2020 besonders in Erinnerung bleiben, in der er vor laufender Kamera vorzeigt, wie man sich in Zeiten des Corona-Virus begrüßt, ohne einander zu berühren, aber dennoch respektbekundend: Er verbeugt sich mit vor der Brust gefalteten Händen und nennt das Ganze in Minute 2:11 „asiatisch, höflich, freundlich!" Da hüpfte mein japanisches Herz natürlich (vielleicht sollte ich kurz dazu sagen, dass mein Adoptivvater, Prof. Shuichi Kato, Japaner war und ich gerne damit kokettiere, dass meine Seele japanisch ist. Wer mehr über ihn und auch mich erfahren möchte: Judith Brandner, Japan. Inselreich in Bewegung, Wien 2019). Ich möchte hier weniger auf die durchaus kontroverse Diskussion, warum in Japan die Corona-Fälle relativ niedrig waren, eingehen, weil ich dafür keine Expertin bin. Aber ich kenne Japan, und das schon seit mehr als 30 Jahren persönlich und die japanische Kultur bereits mein Leben lang.

Und ich erlebe viel von dem, was ich bisher aus Japan kannte, jetzt auch in unserer Umgebung – und wenn ich mir einige Aspekte, von denen wir lernen sollten, herausnehmen darf, dann wären das folgende:

1. Verbeugen statt Handreichen:

Dass wir eine weltweite Corona-Infektion brauchten, um Händewaschen und richtige Nies-Etikette einzuführen, ist natürlich erbärmlich – aber besser spät als nie. Das Verbeugen beim Grüßen ist in Japan (ohne gefaltete Hände vor der Brust, das macht man in Thailand) natürlich völlig selbstverständlich, die Tiefe der Verbeugung hängt vom Rang des Vis-à-Vis ab und die Wiederholung der Verbeugung ist ebenso ein Zeichen der Ehrbekundung. Ich weiß, dass viele in unserem europäischen Kulturkreis ein Problem mit Verbeugungen haben, weil sie es im Kontext der höfischen Kultur sehen und daher daraus einen vor-demokratischen Akt ableiten. Ich sehe das nicht so – durchaus auch, weil das Verbeugen auch immer wieder in meiner Arbeit als systemischer Coach eine Rolle spielt. Dort hat es die Bedeutung, sich vor Menschen aber auch Themen zu Verbeugen, die man ablehnt um dann das Abgelehnte besser zu integrieren oder auch in der richtigen Größe wahrnehmen zu können. Zurück zum Gruß: was spräche dagegen, dass wir zumindest während der Grippe/Virus-Saison zum Verbeugungsgruß übergehen und damit die Viren-Verbreitung radikal eindämmen?

Lernen von Japan (Teil 2)

2. Abstand wahren, auch bei dichtem Gedränge:

Vielleicht kennen manche von Ihnen „Shibuya Crossing" – es ist eine Straßenquerung, mitten in Tokyos dichtem Stadt"zentrum", vor dem weitläufigen und wahnsinnig frequentierten Bahnhof Shibuya, der täglich von rund 378 000 Passagieren benutzt wird, gelegen. Das Spektakel beginnt bei jeder Ampelschaltung aufs Neue, nämlich dann, wenn alle gleichzeitig auf Grün schalten und so hunderte Menschen mehrmals pro Tag zeitgleich losgehen. Das wahre Phänomen dabei – niemand schubst, niemand drängt, niemand stößt aneinander. Und glauben Sie mir – ich habe es überprüft!

Wir sind gerade dabei Social Distancing auf die Distanz von einem Meter kennenzulernen, und es fühlt sich für uns alle seltsam, zumindest aber sehr neu an. Was wir hier aber für eine bessere Zukunft mitnehmen könnten ist, jedenfalls in Grippe/Virus-Zeiten, im öffentlichen Raum, aber auch in der Firma auf Abstand zu bleiben.

Das muss keine weitere Bedeutung haben als jene, aufeinander zu achten! Womit wir schon beim dritten Punkt wären:

3. Rücksichtsvoller Umgang miteinander:

Sollten Sie – was ich Ihnen von Herzen wünsche – einmal nach Japan reisen, werden Sie eine Grundhöflichkeit bemerken, die wir Europäer in dieser Form nicht kennen.

Es ist eine stille, eine zurückhaltende, aber eine sehr wertschätzende Höflichkeit. Sie beginnt mit dem verbeugenden Begrüßen, ist aber auch bei jedem Einkauf, bei jeder Handlung spürbar. Warum ist das so? Sind Japaner bessere Menschen? Die Antwort ist natürlich: nein. Aber sie sind aufgrund der geografischen Gegebenheiten (viele Menschen, auf wenig Raum, auf einer Insel) mehr als wir hier in Österreich darauf angewiesen, rücksichtsvoller miteinander umzugehen. Und ich finde, davon können wir lernen, nicht nur in Zeiten der Krise, in denen junge Menschen für Ältere Einkäufe erledigen, in denen das Gedränge an der Supermarktkasse mit lautem Gebrüll nach dem Öffnen einer weiteren Kassa zu Recht aufgehört hat, sondern auch für unseren weiteren Alltag.

Indem wir unsere eigenen Bedürfnisse nicht immer als die wichtigsten nehmen   das ist nämlich das wahre Geheimnis hinter rücksichtvollem Umgang mit anderen.

Lernen von Japan (Teil 3)

4. Loyalität: Firmenchefs sind auch in Krisenzeiten loyal

Sie alle erinnern sich sicherlich noch an die Atom-Kraftwerk-Katastrophe von Fukushima im Jahr 2011. Es war einer dieser Punkte, wo ich sofort zum Hörer griff, um meine Familie in Japan anzurufen, und Hilfe anzubieten.

Wir schlugen damals vor, sie nach Österreich auszufliegen und bei uns unterzubringen. Aber mein Cousin lehnte ab. Ich war verwirrt und auch ein bisschen entsetzt. Angesichts der vielen dramatischen Informationen, über Wasserknappheit, verstrahlte Lebensmittel und Angst vor Nachbeben.

Um seine Entscheidung zu verstehen, muss man wissen: Er ist Gründer und Inhaber einer Firma mit über 160 MitarbeiterInnen, die auf der Welt verstreut aber auch im Headquarter in Tokyo arbeiten. Er sagte mir damals, es sei für ihn undenkbar in einer Zeit der Krise seine Mitarbeiter alleine zurückzulassen, und sich selbst und seine Familie in Sicherheit zu bringen.

Ich hatte daran zunächst zu kauen, musste aber seinen Schritt akzeptieren. Mittlerweile weiß ich sein Verhalten sehr viel besser einzuordnen. Es sagt viel aus über einen Chef, aber auch über das Verständnis vom Prinzip „Unternehmen", wie mit Krisen umgegangen wird.

Auch bei der Corona-Krise jetzt können wir ganz genau beobachten, welche Unternehmen sich wie verhalten. Manche setzen gleich alle MitarbeiterInnen auf die Straße, andere nützen ihre Infrastruktur um dem Gemeinwohl zu dienen. Manche Chefs kürzen auch bei ihren Gehältern, andere lassen sich Boni auszahlen und schicken die Angestellten in Kurzarbeit. Und viele versuchen sich trotz oder vielmehr wegen der Krise neu zu erfinden, bleiben kreativ und zukunftsorientiert, obwohl ihnen das Wasser bis zum Hals steht.

Wir alle können beobachten, wer sich jetzt wie verhält, und nach überstandener Krise jene Unternehmen bevorzugen, die auch in schweren Zeiten an der Seite ihrer MitarbeiterInnen geblieben sind, wer nicht zuerst sein eigenes Wohl im Auge hatte sondern an alle gedacht hat.

Übrigens: Meine besondere These zu Umgang von Unternehmen in herausfordernden Situationen ist, dass vor allem jene, die schon seit mehreren Generationen im familiären Eigentum stehen, besonders achtsam in Krisenzeiten mit ihren MitarbeiterInnen umgehen. Und weil wir über Japan reden: wussten Sie, dass von den weltweit 5 586 Unternehmen, die länger als 200 Jahre bestehen, 3 146 in Japan angesiedelt sind? Auch das welweit älteste Familienunternehmen, ist natürlich in Japan. Es ist ein Hotel, das vor 1300 Jahren gegründet wurde. Wie gesagt, wir können lernen von Japan....

8. Local is the new global

Eine der bemerkenswertesten Entwicklungen in den Zeiten des Corona-Virus war es, zu sehen, wie schnell der lokale Markt, das lokale Einkaufen, als Lösung für eine nachhaltige, aber auch unmittelbare Nahversorgung funktioniert hat. Es hat sich gezeigt, dass eine lokale Versorgung resistenter ist, wenn es um lange Lieferketten, die plötzlich unterbrochen oder Grenzen, die über Nacht geschlossen wurden, ging. Was „Fridays for Future" in vielen Monaten des Protests nicht geschafft haben, hat Covid-19 möglich gemacht. Plötzlich hatte jeder und jede Listen in der Hand (oder im Netz), aus denen hervorging, wo man direkt vom Bauern, Produzenten, kleinen Händler beliefert wurde. Und auch im Online-Handel kam „Made in Austria" immer deutlicher zum Zug. Harry Gatterer, GF des Frankfurter Zukunftsinstituts, hat gleich im März 2020 vier mögliche Zukunftsszenarien entwickelt. Szenario 3 nennt er: „Neo-Tribes: Nach der Corona-Krise hat sich die globalisierte Gesellschaft wieder stärker zurück zu lokalen Strukturen entwickelt." Es ist natürlich ein optimistisches, utopisches Szenario, aber – wie schon an anderer Stelle gesagt – ich glaube, das Fokussieren auf solche Szenarien kann auch helfen, sie zu etablieren. Gatterer konstatiert, dass der Ausfall globaler Produktions- und Handlungsketten dem stationären Handel, regionalen Produkten und Lieferketten einen Aufschwung verschafft hat. So ist nicht nur eine sinnvolle Balance zwischen online und offline entstanden, sondern ein „Gleichgewicht von lokalem und globalem Handel".*

Wochenmärkte boomen, regionale Erzeuger und lokale Online-Shops blühen auf. Die Monopolstellung von großen, weltweiten Online-Händlern wie Amazon und Alibaba werde sich zugunsten mehrerer kleinerer Player auflösen, so die These des Zukunftsforschers.

Massenkonsum und Wegwerf-Mentalität werden in dieser Zukunftshoffnung der Vergangenheit angehören.

Natürlich wird es auch in der Zukunft globale Player brauchen, nicht alles kann lokal produziert und in kleiner Stückzahl hergestellt werden; auch künftig wird die Preisgestaltung beim Kauf von Gütern eine große Rolle spielen – aber wir werden unsere täglichen Bedürfnisse wieder vermehrt regional abdecken und jene Unternehmen bevorzugen, die sozial und ökologisch gerecht produzieren. Und warum? Weil wir uns dafür entschieden haben, unsere Prioritäten neu zu ordnen.

*https://www.schuhmarkt-news.de/handel/unternehmen/19-03-2020-werden-wir-nach-corona-resilienter/

9. Wir sind alle eins ...

... und machen das Beste daraus.

„We're one, but we're not the same – We get to carry each other ...“ (One, Text: Paul David Hewson aka Bono Vox, U2)

„One“ ist einer meiner Lieblingssongs der irischen Rockband U2 und wurde im Februar 1992 als dritte Single des Albums „Achtung Baby“ veröffentlicht. Der Text, geschrieben von Leadsänger Bono Vox, erzählt von den Schwierigkeiten, Beziehungen mit anderen Menschen zu unterhalten. Ich finde, man kann ihn aber auch für viele andere Zusammenhänge deuten.

Gerade jetzt scheint mir dieser Text – „wir sind eins, aber nicht dasselbe, aber wir müssen für einander sorgen“ besonders wertvoll.

Das Corona-Virus hat wohl die größte Wahrheit für uns bereit, in dem es KEINE Unterschiede macht: Es kennt keine Rassen, keine Nationen, kein Geschlecht. Akzeptieren wir, dass wir „alle eins“ sind, in all unserer Individualität, dann heißt das auch, sich solidarisch und verbunden verantwortlich füreinander zu fühlen und auch so zu agieren.

Corona zeigt uns, dass die technischen und die medizinischen Möglichkeiten auf der ganzen Welt vorhanden sind. Jetzt liegt es an uns, Gesundheit auch weiter zu fassen. Wie gesund ist unsere Umwelt, unsere Stadt? Was kann (lokale) Politik in der Weltgemeinschaft bewirken? Wäre es nicht längst an der Zeit Weltgesundheit und individuelle Gesundheit zusammenzudenken?

„Wir finden zu einem neuen Mindset – Regierungen, Stadtplanung und Unternehmen kooperieren, um gesunde Umwelten für alle zu schaffen. „Digital-Health-Apps", wie der israelische Historiker, Yuval Noah Hariri, in einem am 20.3.2020 in der Financial Times veröffentlichten Artikel* beschreibt „können entweder für totalitäre Überwachung eingesetzt werden oder aber auch dafür, Menschen zu „empowern", ihre Gesundheit durch Informationen besser zu schützen und ihr Leben gesünder zu gestalten."

Es liegt an uns zu entscheiden, welchen Weg wir gehen werden. Aber es ist klar: Die individuelle Gesundheit kann nicht mehr entkoppelt von Umwelt und Gesellschaft gesehen werden. Globale Risiken erfordern Akteure, die global vernetzt agieren können. Meine 9. Hoffnung ist, dass wir lernen, dass wir eins sind und auch globale Veränderungen nur gemeinsam schaffen werden. Ja, Nationalstaaten könnten in Zukunft an Relevanz verlieren, Städte und supranationale Instanzen, wie die EU oder die UNO gewinnen vielleicht Bedeutung – so sehen es zumindest die Zukunftsforscher. Im Fokus das Gemeinwohl, nicht der Profit einiger weniger Menschen. Wäre das nicht wünschenswert?

*https://www.ft.com/content/19d90308-6858-11ea-a3c9-1fe6fedcca75

10. Unsere Neuen HeldInnen

Derzeit wird viel davon gesprochen, wer die „wahren Helden" dieser Krise sind. Schnell ist man sich darin einig, dass medizinisches Personal, Handelsangestellte, Zulieferende, AltenbetreuerInnen, Erntehelfer, Besonderes leisten. Und bei genauerer Betrachtung fällt auf: diese Helden sind sehr, sehr oft HeldINNEN. Eine Online-Befragung* im April 2020 bei mehr als 1000 Frauen zeigt: 64 Prozent sagen, Pflege- und Gesundheitsberufe sind die neuen Helden, aber nur 20 Prozent glauben auch, dass es Verbesserungen für diese Gruppe geben wird. Beim Lebensmittelhandel sieht es noch schlechter aus: Nur 9 Prozent der befragten Frauen glauben, dass sich an der Situation der Handelsangestellten etwas verbessern wird.

Aber: 86 Prozent der Frauen stimmen der Ansicht zu, dass Frauen den Hauptteil der Belastungen in der momentanen Situation tragen, und erst recht gilt das für alleinerziehende Supermarktkassierinen.

Das gibt kein gutes Bild.

Haben wir wirklich so schnell vergessen, wie beseelt wir um 18 Uhr geklatscht oder ein Lied gesungen haben? Sind unsere neuen HeldInnen, kaum dass wir sie identifiziert haben, auch schon wieder unsichtbar?

Meine 10. Hoffnung richtet sich im besonderen Maße an UNS ALLE, an unserer Disziplin, unserer Solidarität und die eigene Moral. Es wird an uns allen liegen, in Zeiten NACH der Krise an der Seite jener zu stehen, die IN der Krise rund um die Uhr, Tag und Nacht für uns ihr Leben riskiert oder bis zur Erschöpfung gearbeitet haben.

Es liegt an uns, mit ihnen Hand in Hand auf die Straße zu gehen, wenn sie weniger Arbeitszeit und mehr Gehalt verlangen. Es liegt an uns, eine Gesellschaft zu gestalten, in der jene Bedeutung haben, die dem Gemeinwohl verpflichtet sind und unsere Systeme am Laufen halten.

Dankbarkeit ist ein wichtiger Aspekt (siehe Hoffnung 4), aber glauben Sie mir, bessere Bezahlung und familienfreundlichere Arbeitszeiten sind noch viel wichtiger.

Lassen Sie uns immer daran denken, WER für uns da war, während wir zu Hause bleiben durften. Unsere neuen HeldInnen nicht zu vergessen, ist wahrscheinlich der Gradmesser für eine nachhaltige, gesellschaftliche Veränderung.

* Triple M Matzka Markt- und Meinungsforschung, 10. bis 20. April; insgesamt wurde 1.030 Frauen zwischen 15 und 64 Jahren in ganz Österreich zum Thema Arbeit und Aufgaben – auch speziell in Bezug auf die Corona-Situation – online befragt.

Gemeinsam Hoffen

Frühjahr 2020. Vielleicht erscheint es Ihnen anmaßend – in Zeiten, in denen noch viele Länder mitten im Ereignis „Corona-Virus" sind, Gesundheitssysteme, vor allem in ärmeren Ländern überfordert, Todeszahlen außerhalb Europas immer noch hoch sind – sich Hoffnungen zu machen und diese auch zu Papier zu bringen? Für mich war es befreiend und erlösend, als ich mich an einem Wochenende im März 2020 hingesetzt und diese Hoffnungen an eine Zukunft formuliert habe. Und es waren damals fordernde Tage: Als ich diesen Text begonnen habe, sind täglich hunderte Menschen alleine in meinem geliebten Nachbarland Italien an den Folgen von Covid19 gestorben.

Es war kaum auszuhalten. Umso erleichterter sind nun alle über geplante Grenzöffnungen und ein bisschen Normalität.

Erste Erkenntnisse zeigen uns schon jetzt, dass jene Gesellschaften besser mit dem Virus umgehen können, die über eine gute, gesellschaftlich zugängliche Gesundheitsversorgung verfügen. Dass Länder, in denen gezielte mediale Aufklärung und transparente Information geleistet wird, eher damit rechnen können, dass ihre BewohnerInnen den Einschränkungen des Alltags auch folgen. Dass Städte, die Testungen zu Hause durchgeführt haben, sehr viel besser dastehen als Orte, an denen die Infektion gleich ins Spital getragen wurde.

Wir sehen aber auch, dass manche Nationen ihre Strategien plötzlich ändern – so wie in Großbritannien geschehen, nicht zuletzt auch, weil deren Premierminister an Covid-19 erkrankt ist. Wir erleben aber auch Gemeingefährdung durch Leugnung der Fakten – egal ob in den USA oder in Brasilien.

Wir erleben, dass Gemeinschaft plötzlich mehr umfasst, als nur die unmittelbare Familie. Nachbarschaften werden plötzlich von Leben erfüllt, generationenübergreifende Solidarität treibt ihre schönsten Blüten und während Sie die letzten 30 Minuten vielleicht diesen Text gelesen haben, wurden weltweit rund 4 000 Babys geboren – allein für diese Geschöpfe lohnt es, die Welt besser zu machen.

Diese Aufgabe kann kein Einzelner, keine Europäerin, kein Asiate, kein Amerikaner und keine Afrikanerin alleine lösen.

Hier müssen wir gemeinsam, solidarisch, achtsam und voneinander lernend agieren.

Ich hoffe darauf. Und darf Sie bitten, gemeinsam mit mir, und vielen anderen, diese Hoffnung mit Leben zu erfüllen.

Wann, wenn nicht jetzt!

SONJA KATO-MAILATH

Die Autorin, Jahrgang 1972, lebt mit ihrer Familie und ihrem Hund in Wien und arbeitet seit rund 10 Jahren als Veranstaltungs-Moderatorin und systemischer Coach. Sie hat an der Universität Wien Geschichte studiert und gemeinsam mit der japanischen „Ritsumeikan Universität Kyoto" ein Austausch-Programm begründet. „10 Hoffnungen" ist ihre erste Veröffentlichung bei Story.one. 2008 brachte Kato gemeinsam mit Monika Langthaler im Verlag Überreuter den „Bio Knigge Austria" heraus. Ihr soziales Engagement gehört der Brustkrebsvorsorge, seit 2017 ist sie als Pink Ribbon Botschafterin aktiv und sammelt Spendengelder für erkrankte Frauen. Mehr infos unter www.sonja-kato.at

Alle Storys von Sonja Kato-Mailath zu finden auf www.story.one

Viele Menschen haben einen großen Traum: zumindest einmal in ihrem Leben ein Buch zu veröffentlichen. Bisher konnten sich nur wenige Auserwählte diesen Traum erfüllen. Gerade einmal 1 Million publizierte Autoren gibt es derzeit auf der Welt - das sind 0,013% der Weltbevölkerung.

Wie publiziert man ein eigenes story.one Buch?

Alles, was benötigt wird, ist ein (kostenloser) Account auf story.one. Ein Buch besteht aus zumindest 12 Geschichten, die auf der Plattform gespeichert werden. Diese lassen sich anschließend mit ein paar Mausklicks zu einem Buch anordnen, das sodann bestellt werden kann. Jedes Buch erhält eine individuelle ISBN, über die es weltweit bestellbar ist.

Auch in dir steckt ein Buch.

Lass es uns gemeinsam rausholen. Jede lange Reise beginnt mit dem ersten Schritt - und jedes Buch mit der ersten Story.